Combats Célèbres

VITELLIUS

DÉPÔT LÉGAL
H.te Marne.
89
1900

Tiré sur les presses de O. Godard.

Illustrations de Lucien Tardieu.
Clichés photographiques de Perneau.
Clichés photomécaniques L. Geisler et J. Malvaux.

Les Goinfres Célèbres

VITELLIUS

an 68 après J.-C.

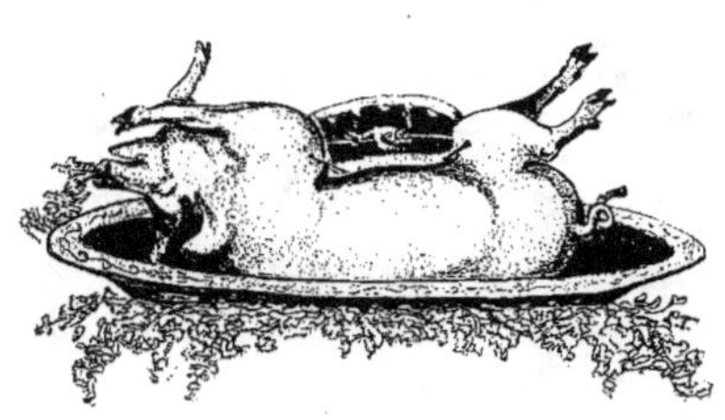

SAINT-DIZIER
TYPOGRAPHIE ET LITHOGRAPHIE O. GODARD
—
MDCCCC

A Monsieur le Docteur FOURNIER, de Rambervillers,
Président du Conseil d'administration de la Société anonyme
des Eaux minérales de Vittel.

Cher Monsieur,

Je vous demande la permission de vous dédier ce premier essai d'une jeune imagination. C'est aux documents précieux fournis par votre inépuisable réserve historique qu'est due la trame solide, seul mérite de ce récit, sur laquelle courent les folles brindilles de la joyeuse fantaisie.

En même temps qu'à vous, j'adresse mes remerciements à votre savant confrère Monsieur le docteur Fabre, de Commentry, qui a bien voulu redresser quelques erreurs échappées à mon ignorance et asseoir certaines affirmations restées trop en l'air.

Jean BOULOUMIÉ,
Étudiant en médecine.

VITTEL (Vosges), le 1ᵉʳ Janvier 1900.

oici une fantaisie véridique.

Comment une fantaisie, c'est-à-dire une œuvre de l'imagination, peut-elle être véridique? Comment une vérité, c'est-à-dire un fait réel, peut-il être fantaisiste?

L'explication est simple :

Lorsqu'un amateur achète une tapisserie ancienne à demi rongée par le long travail des mites séculaires, il livre ce tissu informe à l'artiste chargé de réparer du temps l'irréparable outrage et de faire revivre en une trame complète les scènes à demi effacées. Guidé par une tête aux traits restés purs, par une fleur dont le joyeux coloris a conservé sa fraîcheur première, inspiré par la crête dentelée d'une tourelle, par la croupe nettement découpée d'un bœuf au pâturage, l'artiste voit renaître peu à peu la scène champêtre dont les bribes légères jalonnent devant ses yeux experts le cadre aux trois quarts disparu, et sous son doigt habile le personnage absent revient prendre possession de sa tête abandonnée, la fleur appelle ses compagnes qui jaillissent de l'épais gazon d'antan, le château vient s'accoler à la tourelle solitaire et le troupeau tout entier vient paître auprès du compagnon égaré dont il avait perdu la trace.

Ce panneau ainsi reconstitué est « vrai », il est en même temps « fantaisiste ».

Il en va ainsi de l'histoire de Vitellius.

Guidé par les jalons précieux recueillis par les historiens, Tite Live et Suétone surtout, je me suis appliqué à combler les lacunes dues à la longue décomposition des siècles. J'ai conclu du certain au probable ; j'ai reconstitué la trame des faits principaux historiquement vrais et c'est ainsi que je peux présenter au lecteur une « fantaisie véridique ».

La fondation de Vittel par Vitellius est aujourd'hui un fait acquis.

Vittel en effet, dont l'orthographe a été jusques à ces derniers temps *Vitel*, n'est pas la seule ville fondée par Vitellius.

On trouve dans le « Grand dictionnaire géographique, historique et critique de Bruzen de la Martinière, tome VI, 2me partie, page 166, colonne I, Paris 1741 », les renseignements suivants :

Vitellia : ville d'Italie, dans le Latium, au pays éque, selon Tite Live, Liv. 5 et 29, qui dit : « Vitelliam coloniam romanam in suo agro Œqui expugnant ». Suétone (in *Vitellio*, ch. I) nous apprend que selon quelques-uns cette ville tirait son nom de la famille des Vitellius qui demandèrent à la défendre à leurs propres dépens contre les efforts des Eques. Elle est nommée par Tite Live, Livre 2, ch. 39, au nombre des villes dont Coriolan s'empara.

Vitellia Via : ancien chemin d'Italie. Suétone, in *Vitellio,* chap. I, qui en parle, dit qu'il allait depuis le Janicule jusqu'à la mer ; et il donne à entendre que quelques-uns, qui voulaient que la famille des Vitellius eût donné son nom à ce chemin, en tiraient une preuve de l'ancienneté de cette famille.

Vitellianum : ville de la Gaule cispadane, selon Ostelius, qui dit que c'est présentement *Viadana*.

Ce point historique bien déterminé, quel est l'arthritique qui expliquera le séjour de Vitellius auprès de la " *Grande Source* " et de la " *Source Salée* " autrement que par le besoin de rétablir sa santé et celle de son armée si gravement compromise par les bombances de Cologne et de Trèves ?

Vittel, le 1er Janvier 1900.

JEAN BOULOUMIÉ,
Etudiant en médecine.

VESTIGES DE L'OCCUPATION ROMAINE

Antiquités trouvées en creusant les fondations de l'Établissement.

VITELLIUS, général des Légions romaines, célèbre par sa goinfrerie, fait à Trèves une noce à tout casser. — Son armée fidèle l'imite.

Galba. - 68 après J.-C.

ers 68 après J.-C., Galba, vieillard de 73 ans, régnait depuis peu à Rome. Il succédait à Néron.

D'après certains, il avait dû son élection à une grande renommée d'équité et de pureté de mœurs, contrastant avec la dépravation insigne de son prédécesseur. D'autres insinuent qu'il avait forcé le succès par l'usage récemment mis à la mode des urnes à double fond et des « Rastels »... mais il n'importe !

Les premiers actes de sa souveraineté indiquèrent que parmi les monstres abominables de la décadence il aurait la gloire de laisser la trace d'un peu de modération et d'humanité. Il sut être miséricordieux à ses ennemis en même temps que reconnaissant envers ses amis.

Quant à ceux qui l'avaient aidé à gravir les escarpements du pouvoir, il fit largement leur fortune.

Parmi ces derniers fut VITELLIUS, à qui une frénétique avidité tenait lieu de valeur ; mais Galba, en prince avisé, estimait à un plus haut prix dans ses favoris le défaut de mérite qu'il n'y réprouvait l'excès d'ambition.

Il distingua Vitellius pour sa nullité énorme, aussi énorme que ses appétits et telle qu'elle faisait de lui pour Galba l'idéal du subordonné : celui qu'on peut élever à la suprême lieutenance sans avoir à craindre de rivalité. Il le nomma général du groupe considérable des légions de la Basse-Germanie, en remplacement de Tartellius Capito, assassiné par son subordonné le légat Valens.

Galba n'attendait de son nouveau général que l'apaisement d'abord, l'engourdissement ensuite des légions qu'il lui confiait et dont les continuelles agitations n'étaient pas sans lui inspirer quelques inquiétudes.

Vitellius est nommé général des légions de la Basse-Germanie.

Il disait en parlant de lui : « *Personne n'est moins dangereux que ceux qui s'occupent toujours de leurs repas. Vitellius pourra remplir sa gueule profonde des richesses de la province, pendant que les légions s'enivreront. Sans énergie pour l'action, elles me resteront fidèles.* »

Et il ajoutait : « *Il faut à Vitellius les richesses d'une province pour assouvir sa gloutonnerie.* » En quoi il se trompait. n'ayant pas sondé jusqu'en ses ultimes profondeurs ce ventre immense dont les ressources d'une province ne pouvaient qu'aiguiser l'appétit naissant et que celles de l'empire tout entier pouvaient seules assouvir.

Lorsqu'il partit de Rome. Vitellius était ruiné jusqu'à la corde et ne possédait plus un sesterce pour payer son voyage. Sa femme dut pour vivre louer sa maison. Ses créanciers se mirent à sa poursuite ; il les menaça de mort. les fit arrêter et ne leur rendit la liberté qu'après avoir pratiqué sur eux de nouvelles saignées.

Il avait, dit Suétone. une taille démesurée, le visage rouge et bourgeonné par l'abus du vin. le ventre gros et une jambe plus faible que l'autre par suite d'une blessure qu'il s'était faite autrefois dans une course de chars où il servait de cocher à l'empereur Caligula.

Il faisait régulièrement quatre repas par jour qu'il distinguait en : *Déjeuner, Dîner, Souper et Collation*. Il s'invitait le même jour chez plusieurs personnes pour des heures différentes et il n'était pas rare que chacun de ces festins ne coûtât pas moins de cent mille sesterces (77.500 fr.).

Il suffisait à tous ces repas, tirés souvent en plusieurs éditions journalières. par l'habitude de vomir qu'il avait élevée. par des perfectionnements successifs, jusqu'à la hauteur d'un art véritable, objet d'admiration et d'envie pour ses contemporains, de mépris et de dégoût pour nos générations affaiblies.

Sa voracité n'était pas seulement immense. elle était sale et désordonnée ; il ne pouvait se contenir ni pendant les sacrifices, ni pendant les voyages. Il happait sur les autels même les viandes et les gâteaux préparés pour les sacrifices et en route il prenait dans les cabarets des mets à peine cuits ou qui, servis la veille, étaient en partie rongés. et il les engloutissait en présence du cabaretier tremblant.

Sa familiarité était égale à sa voracité, dit Suétone. Il donnait la marque de son caractère en embrassant sur la route tous ceux qu'il rencontrait, jusqu'aux plus simples soldats. Il causait. riait dans toutes les auberges avec les voyageurs, leur demandant s'ils avaient déjeuné dès le matin, et leur rotait à la figure pour leur montrer que pour lui c'était fait.

Il avait une foi profonde dans certains fétiches, choisis toujours parmi les objets de nature à inspirer le dégoût au commun des humains. L'histoire raconte qu'il porta longtemps un des souliers de Messaline sous sa robe et que souvent il le baisait comme une chose sacrée [1].

Patient et même longanime dans les affaires publiques autant que dans les relations privées, il ne souffrait aucun retard. ne pardonnait aucun manquement lorsqu'il s'agissait des choses de la gueule.

On le vit plusieurs fois tomber en syncope parce qu'il désespérait d'obtenir une denrée rare et il fit juger solennellement et exécuter un chien coupable d'avoir dévoré une queue de mouton très grasse, mets pour lequel il avait un penchant particulier. Ce malheureux animal fut lapidé en présence de l'armée tout entière, qui défila ensuite devant son cadavre.

Tel était le général que l'armée reçut avec joie « comme un présent des dieux ».

[1] Grand dictionnaire historique de Moreri, article Vitellius.

Jupiter les punit par d'atroces souffrances : à Vitellius, la goutte ; à son lieutenant, d'énormes graviers ; à son ordonnance, un plein casque de sable biliaire.

Situé au pied d'un riant coteau, non loin de la ville de Trèves *(Trebeta)*, entre l'amphithéâtre et la Moselle, en vue de la « Porta nigra », le camp des légions de Germanie était devenu le théâtre de la bombance et du plaisir. Le camp de Trèves.

Après avoir ruiné Cologne et les campagnes environnantes, les légions s'étaient abattues, tel un fléau du ciel, sur cette ville charmante, centre de littérature et des plaisirs délicats, que Vitellius allait bientôt flétrir de son haleine empestée.

À peine installé au camp, il devint le familier de tous, ne refusant rien à personne, faisant grâce à tous les punis, à tous les condamnés. Insouciant à tout ce qui se passait à cent mètres de sa table, devenue pour lui le pivot du monde, il y tenait d'interminables assises. Couché sur son triclinium d'honneur, le coude gauche appuyé sur un coussin, ayant à sa droite et à sa gauche ses deux principaux lieutenants Valens et Cœcina, à ses pieds, prêt à voler à l'exécution de ses ordres, son ordonnance, le fidèle Milotus, Vitellius faisait installer autour de lui toute son armée à une innombrable série de tables qui couvraient toute la surface du camp. Les orgies de l'armée.

À chacune de ces tables, la présidence était jouée aux osselets et le « magister bibendi » ainsi désigné par le sort réglait les libations en fixant la quantité de vin attribuée à chacun pendant que le « scissor » placé sur le 4ᵉ côté découpait les viandes. Les tables.

Dès que Vitellius avait donné le signal en appelant sur sa table la bénédiction des dieux, l'orgie commençait, discrète, presque silencieuse au début, alors que des cratères encore pleins s'écoulait avec modération le vin mêlé d'eau chaude destiné à préparer l'estomac aux pro- L'invocation.

chains assauts. Dans la coupe seule du général coulaient, éclatants et purs, l'Albe et le Falerne. ses vins favoris. La vidant d'un seul trait, il portait sans distinction la santé des chefs et des soldats, et, les yeux fixés sur le menu placé devant lui, il donnait à tous d'une voix éclatante des renseignements gastronomiques pleins de science et d'intérêt sur tous les plats qui y figuraient.

Ainsi se terminait la première partie du festin. celle des entrées. A ce moment il y avait une courte pause pendant laquelle. le silence ayant été demandé, Vitellius et après lui tous les chefs de table présentaient solennellement aux dieux lares la salière (mola salsa) en évitant de la renverser, ce qui eût été d'un funeste augure.

En même temps avait lieu l'oblation des aliments. Aussitôt après commençaient *les services* et avec eux se déchaînait la tempête des cris. des invocations. des querelles et souvent des rixes, au milieu du choc des coupes. du cliquetis des armures renversées. du bris des amphores et des cratères.

Au dessert, le tintamarre de la vaisselle. joint à celui du travail de cinquante mille mâchoires, le brouhaha des danses. auquel s'alliait le grondement des instruments de cuivre et la cacophonie des gosiers d'ivrognes chantant dans le décor des triclinia. étaient l'apothéose.

Mais du sein des cohortes abattues et couchées sur le champ du festin. du milieu des blessés de l'orgie. surgissait encore la haute stature de Vitellius, qui, ayant appelé à son aide l'art de vider sa panse distendue pour la remplir de nouveau, savait résister plus longtemps aux assauts de l'ivresse pour ne s'effondrer que le dernier sur les corps étendus de ses frêles lieutenants.

En de tels entripages, chaque jour répétés, Vitellius devait devenir rapidement l'idole de l'armée. Mais aussi à quel degré d'affaiblissement et de décrépitude devaient tomber des légions livrées ainsi sans méfiance aux assauts sournois et prochains des cohortes de l'arthritisme, guidées victorieusement au combat par des chefs vigilants et toujours prêts à l'attaque : *la Goutte, la Gravelle, la Colique hépatique !*

Pendant que ces derniers aiguisaient leurs armes en silence et préparaient un plan formidable d'attaque commune, les légions aux panses proéminentes, aux lèvres lippues, aux yeux alourdis, oubliant les traditions de gloire qui avaient autrefois porté si haut le renom de leur courage, n'avaient plus qu'un but, ne nourrissaient qu'une pensée : porter au pouvoir suprême ce ventre immense qui s'appelait Vitellius et s'assurer ainsi une longue existence d'engouffrement voluptueux suivi de longues et pacifiques digestions.

Précisément il existait à ce moment auprès du vieux Galba des intrigants qui, se jugeant trop peu favorisés par cet empereur grave et octogénaire. résolurent de lui en substituer un plus jeune : l'ambitieux Othon.

A cet effet, procédant avec décision et simplicité, ils assassinèrent Galba et proclamèrent Othon à sa place.

Mais l'élection n'obtint pas l'unanimité des suffrages et les lieutenants des légions de la Basse-Germanie comprirent que le moment était favorable à la proclamation de leur chef.

A propos d'une harangue solennelle prononcée par Vitellius au sujet de la nouvelle situation de l'empire. Valens le salua César et au milieu de la nuit les soldats ivres envahirent sa chambre à coucher. l'enlevèrent de son lit dans le simple appareil où il se trouvait et le proclamèrent empereur.

Survient un vieux druide des Gaules :
— Quelle est cette brouette de sable, ô soldat ?
— C'est celui que vient de rendre la Légion !

— Quel est, ô lieutenant, ce panier de pierres ?
— Ce sont celles qui sortent de ma vessie !

Ils l'armèrent de l'épée de Jules César, qui avait été retirée à cet effet du temple de Mars [1].

On le porta en triomphe dans les rues, mais au retour on trouva la salle où on avait préparé le festin en flammes. « C'est un mauvais présage », crièrent les soldats très superstitieux ; mais Vitellius, touchant le soulier de Messaline qu'il portait encore sous sa robe, les rassura en disant : « Prenez courage : la lumière luit pour tout le monde. » Tel fut, dit Suétone, le seul encouragement qu'il sut offrir à ses soldats.

Bientôt aux suffrages des légions de la Basse-Germanie se joignirent ceux des légions de la Gaule (Belgique) et de l'Espagne.

Rome avait deux empereurs.

En apprenant l'existence d'un rival, Othon résolut de le châtier et de le soumettre. Vitellius, de son côté, décida de conquérir Rome sur Othon, mais il voulut préalablement réjouir ses soldats par un festin qui lui fournirait l'occasion de prouver son droit au sceptre par la révélation éclatante de ses facultés inouïes d'engloutissement de victuailles.

Il consacra quinze jours à réunir les éléments du menu suivant :

Entrées

Hachis composé de joues de Carrelets, de cervelles de Paons et de Faisans
Ragoût d'Huîtres, de Moules et de Becfigues
Langues de Phénicoptères
Laitances de Lamproies
Antilopes sous leurs cornes
Paons dans leurs plumes

Services

Moutons entiers au saindoux
Rognons de Taureaux
Rossignols hachés dans des feuilles de vigne
Loirs de rivière aux olives
Tétines de Truies
Lièvres et Volailles rôtis
Porcs entiers farcis

Desserts

Pâtisseries
Fruits frais et confits

Vins

Falerne de l'an 789
Albe de l'an 797

[1] Biographie universelle de Michaud, t. 49, article *Vitellius*, par Daunou.

Le porc entier farci fut le digne couronnement de ce prodigieux entassement de viandes et fit éclater la victorieuse résistance des viscères impériaux, sans cesse tenus en travail par les évacuations répétées dont Vitellius et son état-major avaient le secret. Autour du chef rassasié, l'armée appesantie s'endormit peu à peu dans un lourd sommeil. Vitellius lui-même, bercé par les langueurs montantes de l'immense abrutissement qui écrasait la plaine, s'abattit tout à coup, insensible et vaincu, dans les flots rutilants de l'Albe et du Falerne déchaînés.

Ainsi tous dormirent longtemps vautrés, et des hoquets puissants troublèrent seuls par intervalles, jusqu'à l'aube naissante, le silence solennel de la nuit.

Les émissaires des légions d'Espagne.

Soudain retentit une fanfare bruyante : c'étaient, au seuil du camp, les sonneries de trompettes et de cors des émissaires des légions d'Espagne venant annoncer que les partisans d'Othon s'avançaient contre Vitellius.

Des grognements et des vociférations répondirent. Mais l'empereur s'exaspéra et furieux, sans bouger de son triclinium d'ivoire recouvert d'un tapis de pourpre, il interpella ses lieutenants : des ronflements sonores lui répondirent. Alors Vitellius voulut se lever pour secouer cette dangereuse torpeur et contraindre son état-major au réveil.

La goutte.

Se lever !! au premier effort qu'il fit pour marcher, un mugissement de douleur jaillit de sa large poitrine, ses jointures tuméfiées et rubescentes cédèrent sous son poids et l'on vit cette enveloppe puissante, encore tendue par tant de viandes englouties, s'effondrer lourdement sur le triclinium écrasé et s'agiter sans voix dans les spasmes de la douleur.

Vitellius avait la goutte ! 

Et toi, général ? — La goutte !... — Allez vite, ô guerriers trop fêtards, boire, au pied du chêne sacré des Vosges, l'eau merveilleuse de la « GRANDE SOURCE ».

ubitement réveillé par ce cri déchirant. Valens, le fidèle Valens, son premier lieutenant, bondit de son triclinium, appelant à son aide l'intrépide Cæcina gisant à côté de lui dans la fermentation non encore terminée des viandes et des vins. Ensemble ils coururent d'un pas incertain et titubant réveiller les chefs des légions et dégourdir les légionnaires avachis.

Ils y parvinrent non sans peine et peu à peu un vaste moutonnement de dos arrondis souleva la plaine. Mais, aux premiers mouvements qui agitèrent leurs membres endoloris, on vit les soldats trébucher, fléchir, porter violemment leurs mains crispées, les uns à leurs reins, les autres à leur ventre, principalement du côté droit, et pousser vers le ciel des clameurs et des gémissements, puis subitement s'abattre en se roulant sur le sol encore jonché des débris du festin.

Les malheureux étaient en proie, les uns aux crises de la gravelle, les autres aux étreintes de la colique hépatique !

En quelques instants toute la surface de ce camp, qui quelques heures auparavant retentissait des bacchanales de toute une armée, se trouva transformée en un vaste hôpital où les hurlements de la douleur remplaçaient les chants de fête et de triomphe.

Jupiter, justement indigné du mauvais exemple que les excès de Vitellius et de ses soldats donnaient au monde, avait résolu de les leur faire durement expier et il avait donné libre cours aux flots vengeurs de l'acide urique que toutes ces panses distendues tenaient depuis longtemps en réserve ; et aussitôt, saisissant les uns par les bras, les autres par les jambes, le corrosif liquide brûlait les jointures turgescentes du chef, tordait en d'affreuses convulsions le foie rempli de sables aigus des légionnaires et faisait rouler écumants sur le sol les officiers dont les reins et la vessie pleins de cailloux énormes et pointus rendaient le son d'écroulement de chariots de moellons déchargés.

Le spectacle était terrible et en même temps grandiose, car il révélait aux plus sceptiques combien était infinie la puissance de Jupiter qui, au moyen de quelques pintes d'un liquide habilement distribué, savait jeter dans les tortures de la douleur et l'impuissance du néant les armées les plus célèbres, les chefs les plus vantés !

Les premiers moments de stupeur écoulés, Vitellius ordonna d'envoyer quérir en toute hâte des médecins.

Ceux qui accompagnaient l'armée s'appelaient « deputati ».

D'après Runesius, ils étaient de véritables « optiones », mais on les nommait « deputati », c'est-à-dire délégués hors rang, parce qu'ils suivaient à petite distance la cohorte à laquelle ils étaient attachés afin de secourir les blessés [1]. Mais tous les deputati de l'armée, ayant pris une large part aux goinfreries répétées des troupes, étaient frappés comme elles et gisaient étendus inertes dans leurs tentes.

[1] René Briau : Du service de santé militaire chez les Romains, Paris 1866.

Les médecins civils.

Heureusement se trouvaient par hasard en ce moment à Trèves trois médecins des plus illustres de Rome. Des aides de camp coururent leur faire appel.

Thessalus.

Thessalus arriva le premier, porté sur un char magnifique, escorté par une suite nombreuse de thuriféraires, précédé de la réputation que lui avaient faite les dames de Cologne et de Trèves, dont il avait su habilement flatter la vanité. Sa parole était facile ; elle prenait sa source dans une intelligence vive, une puissance d'assimilation extraordinaire et une immense confiance en lui-même. Il cherchait plus à suivre la mode qu'à la créer, à se conformer aux idées acquises qu'à les modifier ou à les corriger : en sorte que sa pratique ondoyante et diverse s'inspirait des théories les plus variées, à la seule condition que, consacrées par l'expérience, elles fussent du goût du malade et de nature à lui conquérir les suffrages de la multitude ; aussi ses ordonnances étaient-elles toujours compliquées et surchargées de toutes les formules les plus en vogue.

Chrinas.

Chrinas le suivit de près. D'apparence modeste, d'un avis toujours réservé, il savait habilement cacher sous les dehors d'un maintien discret une connaissance approfondie de ses semblables. Convaincu qu'il importait avant tout de frapper l'imagination des hommes pour captiver leur confiance, toute sa théorie médicale avait pour pivot le mouvement des astres. Sous ce couvert, il avait adopté une thérapeutique douce et lénitive qui, ne provoquant pas dans le corps humain de ces secousses brusques dont la science la mieux assise ne peut prévoir les conséquences, ne heurtait pas directement le mal et lui permettait d'imputer aux astres ses insuccès et de s'attribuer le facile mérite de ses réussites : il n'ordonnait jamais que les bains tièdes. Il avait, par cette circonspection habile, acquis une grande réputation.

Charmis.

Charmis, compatriote de Chrinas (ils étaient l'un et l'autre originaires de Marseille), entra après lui. D'une nature plus brutale, il pensait que le mieux, pour gravir facilement les pentes abruptes de la renommée, est de faire front hardiment aux situations acquises, aux formules acceptées et d'en proclamer l'inanité par l'application d'un système radicalement opposé. S'attaquant en même temps aux formules si complexes de Thessalus et à l'inoffensive

Système Kneipp.

conception de Chrinas, il avait sans balancer proclamé le triomphe des bains froids. Il faisait plonger ses malades dès leur réveil dans des cuves remplies d'une eau glacée et les faisait promener pieds nus pendant des heures dans des gazons qui étaient soigneusement arrosés, mais il avait toujours soin de prévenir le patient qu'une réaction violente éclaterait, et, comme la crise annoncée se produisait toujours, souvent même aux dépens de la vie du malade, la confiance qu'il était parvenu à inspirer était sans limites.

Tels étaient les trois personnages qui furent présentés à Vitellius. En proie à d'atroces convulsions, l'empereur avait auprès de lui l'intrépide Valens, qui tristement lui présentait un caillou énorme tombé de sa vessie sanglante, et le fidèle Milotus qui, les yeux pleins de larmes, égrenait en silence le sable biliaire dont son casque était plein.

Et ce fut assurément un tableau qui ne manquait pas de grandeur que celui de ces trois savants, d'aspect vénérable, non des derniers dans leur art, vêtus de pourpre, ornés d'anneaux reluisants d'or et de pierres précieuses, d'humeur et de caractère si dissemblables, réunis pour combattre sous ses manifestations les plus cruelles cet éternel ennemi de la bombance humaine, *l'acide urique*, et rendre à ses victimes la force nécessaire pour attaquer et pour vaincre les cohortes othoniennes en marche.

Enfin ! Voici la « GRANDE SOURCE »!... Il n'est que temps !... Si ce druide n'était qu'un vieux farceur ?... Enfin !... Essayons !... Il s'agit de l'Empire !

Sans nullement se préoccuper de ses deux confrères, Thessalus, ayant interrogé et palpé les malades et s'étant placé en face de Vitellius, prit hardiment la parole :

« Nous sommes en présence, dit-il, de trois admirables spécimens de ces formes si redoutables d'arthritisme qui s'appellent *la Goutte, la Gravelle, les Coliques hépatiques*, fruit de l'accumulation dans l'organisme de ce produit corrosif qui a nom *acide urique*.

Nous traiterons la goutte par des émonctoires rationnels ; nous dégagerons les articulations en provoquant l'expulsion de l'acide urique à travers les tissus pour le diriger sur le derme et ensuite sur l'épiderme, d'où, étant chassé de l'organisme, il s'écoulera lui-même loin du théâtre de ses méfaits.

A cet effet nous ordonnons :

1° Application sur les articulations :

a) de suc d'hexlsine ou herbe de perdrix, mélangé avec de la graisse de chèvre et de la cire de Chypre.

b) de Phycas Thalassion ou algues marines entretenues fraîches sur les parties douloureuses.

2° Lorsque la première inflammation sera tombée : friction avec de la graisse d'ours et du suif de taureau à poids égal avec de la cire et de la poudre de noix de galle.

3° Alterner ces frictions avec un mélange de suif de bouc, excréments de chèvre, safran, moutarde pilée, feuilles en poudre de pariétaire et de fleurs de concombre.

4° Après ces applications, laver doucement les membres avec de l'urine de veau qui n'a pas encore mangé d'herbe et maintenir des pattes de lièvre attachées autour des articulations.

Comme régime alimentaire nous ordonnons jusqu'à nouvel ordre :

1° Le matin, raves grillées, pilées avec de la graisse d'oie ;

2° A midi, graines d'orties fondues dans de la vieille huile ;

3° Le soir, feuilles d'orties pilées avec de la graisse d'ours.

Le tout étendu sur des tranches légères de pain frais et arrosé d'une pinte de sang chaud de taureau.

Ce traitement nous a déjà donné de merveilleux résultats expliqués par l'horreur qu'inspire à l'acide urique un régime si contraire à celui dans lequel il a pris naissance et s'est développé.

Le traitement des calculs et sables biliaires exigera l'introduction dans l'économie d'un foie plus vigoureux que celui du malade, capable de se substituer à lui par une lente assimilation et en même temps placé par la nature à l'abri des maux qui désolent nos fragiles viscères.

Opothérapie

Foie d'âne ou de loup.

Boissons.

La jaunisse.

La gravelle.

La lithotritie végétale.

Élimination des sables
et fragments.

Reins de lièvre.

Cueillette des plantes
médicinales.

Nous qualifions cette méthode du nom de *opothérapie* ou *organothérapie*. Or l'expérience nous a appris que les foies les plus aptes à obtenir ce précieux résultat étaient, selon les individus, celui de l'âne ou celui du loup.

Opérant dans l'incertitude, nous ordonnons, comme régime à alterner pendant une année.

Un jour, un foie de loup sec macéré dans du vin et du miel.

Un autre jour, un foie d'âne.

Selon le caractère pacifique ou violent du malade, l'un ou l'autre de ces foies sera ingéré.

Comme boisson, nous ordonnons :

1° *Aux repas :* du lait d'ânesse et de louve bouilli avec des oignons ;

2° *Entre les repas :* une décoction de cumin pilé et rôti dans du vinaigre.

Nous aurons chez certains individus à combattre une jaunisse concomitante.

Un homme d'une réputation surfaite, Praxagore, ordonnait dans ce cas des infusions d'ail dans du miel. De nombreuses expériences nous ont amené à proclamer que le seul, l'unique, le vrai moyen de guérir la jaunisse était de faire *uriner le malade pendant huit jours sur des orties*.

Je propose donc de mettre dès aujourd'hui le fidèle Milotus à ce régime éliminatif et reconstituant. Débarrassé de son foie corrompu, muni d'un viscère nouveau et plein de vigueur, il pourra désormais braver sans crainte les assauts d'un mal devenu impuissant et continuera à son illustre maître ses services précieux.

Quant à l'intrépide Valens, dont les calculs imposants témoignent les souffrances, son cas nous apparaît justiciable d'un traitement élémentaire qui sera suivi d'une prompte guérison. Nous faciliterons l'expulsion des calculs en les brisant dans le rein au moyen du suc d'orties pris en boisson concurremment avec une décoction de ruscus arrachées la veille, cuites le matin et mêlées à deux cyathes de vin. Une fois ces calculs réduits en poussière, nous devons les faire escorter de petits calculs également réduits en poudre, pris dans des foies de sanglier et de porc, et absorbés dans du vin de Falerne. Ces calculs étrangers au corps humain ont hâte d'en sortir et entraînent avec eux, dans leur mouvement, les sables du malade.

Si quelque lenteur apparaît dans cet exode, nous administrerons des reins de lièvres séchés pris dans du vin. La vitesse de cet animal, se retrouvant dans toutes les parties de son individu, imprimera à l'allure des calculs du sanglier et du porc, animaux naturellement lourds, une promptitude que bénira le malade.

D'une manière générale, nous recommanderons aux malades le plus grand soin dans la préparation de nos ordonnances et notamment dans la récolte des herbes et racines. Ils devront les cueillir de la main droite, les jeter dans le panier sans regarder et ne pas oublier que ce qui tombe à côté n'a pas d'action médicinale. »

Ainsi parla Thessalus, comprenant dans son ordonnance tous les médicaments qui depuis longtemps faisaient la règle de la thérapeutique romaine, ayant soin d'ajouter que lui seul devait dans plusieurs visites journalières diriger ce traitement compliqué.

Après lui s'avança Chrinas. Ayant à son tour examiné les articulations de Vitellius, tapoté le ventre de Milotus et palpé les reins de Valens : « Qu'est-ce donc, dit-il, que ces niaiseries accumulées que nous venons d'entendre ? Où pouvons-nous trouver le moindre vestige de science dans cette théorie de la substitution dans le corps humain de l'organe d'un porc ou d'un loup à celui que la nature y a placé ? N'est-il pas enfantin d'attendre la disparition de l'acide urique de la simple présence à côté de lui dans les cellules de ces mixtures étranges, produit de l'imagination charlatanesque de notre confrère ?

Oui, je le sais, une pratique aveugle a consacré toutes ces ordonnances, mais en vrai savant, en savant consciencieux, je dois les repousser pour demander à la nature seule le secours de ses éléments judicieusement choisis.

Je lis dans la marche depuis longtemps si régulière des astres l'indication précise de faire tomber la fièvre qui brûle les malades par la simple application des bains tièdes destinés à ramener doucement l'organisme à la température normale. Je veillerai moi-même avec sollicitude sur l'empereur pendant la durée du bain et j'écarterai scrupuleusement les empiriques vulgaires qui cherchent à capter sa confiance..... »

Un soubresaut violent de Thessalus coupa la parole à l'orateur.

Charmis s'en saisit aussitôt et, sans examen, sans réflexion, accouchant avant d'être enceint : « Voyez, s'écria-t-il, ces tophus turgescents, cette peau lisse et tendue, brûlante comme le fer rouge ; voyez ces articulations gonflées par les flots d'un liquide incendiaire qui entretient l'empereur dans les tortures d'une véritable fournaise. Palpez ces reins effervescents de Valens, cette vésicule ardente de Milotus. N'est-il pas évident que ce n'est pas par un traitement tiède que nous ferons baisser cette température cruelle ?

Vous avez dit, Chrinas : le chaud par le tiède !

J'affirme hardiment : *le chaud par le froid.*

La Moselle nous offre la vaste baignoire dans laquelle les légions rafraîchies recouvreront la santé et la force, et dans les riantes pelouses qui entourent sa villa l'empereur tous les matins promènera pieds nus son corps endolori, avant de le plonger dans l'eau froide de sa baignoire de marbre sur laquelle j'aurai à veiller.

Je vois d'ici ces vaillantes légions régénérées s'élançant à la victoire sous les ordres de leur auguste chef, écrasant les cohortes fragiles de l'ambitieux Othon et proclamant enfin le glorieux Vitellius au sein de la Ville (urbs). »

Enflammé par cette péroraison habile, Vitellius déclara que Charmis seul avait sa confiance et que, dès le lendemain, sous sa direction, l'armée, ses chefs et lui-même entreraient en traitement.

Et dès l'aurore on put voir, rangés sur les rives du fleuve, les cinquante mille guerriers des légions plonger au commandement dans ces flots glacés, sous l'œil bienveillant de leur empereur, qui, vêtu d'un modeste peignoir, déambulait sans chaussures dans le gazon de sa villa baigné par la rosée de la nuit.

Charmis contemplait son triomphe plongé dans une délicieuse espérance.

Mais, hélas ! combien sa joie fut courte ! A peine sortie de l'onde, l'armée raidie et immobile s'étendit sur les rives, impuissante à se mouvoir. Vitellius, aphone et glacé, gisait, tel un cadavre abandonné, les yeux démesurément ouverts.

Devant ce spectacle terrible Charmis disparut comme une ombre.

Quand il revint à lui l'empereur vit à ses pieds le courageux Valens et le fidèle Milotus qui, guidés par une inspiration des dieux, avaient su se soustraire au traitement de l'armée.

Consultation de Chrinas.

Le mouvement des astres.

Les bains tièdes.

Consultation de Charmis.

Les bains froids.

L'armée plongée dans la Moselle.

L'armée foudroyée par le froid du fleuve.

Accompagnés de Cœcina, Milotus poussant devant lui une brouette pleine de sable biliaire sur lequel reposait un panier rempli des énormes calculs de Valens, ils s'étaient dirigés vers la forêt à la recherche d'un druide célèbre dans la contrée.

Le druide.

ssis sous un chêne séculaire, d'aspect majestueux et paisible, portant une longue barbe blanche qui resplendissait comme un pur rayon ravi à Belem lui-même, la tête entourée de bandelettes sacrées et couronnée de gui de chêne, le druide reçut les deux officiers avec la majesté d'un dieu.

Il les invita à s'avancer et à exposer le but de leur démarche. Cœcina, prenant la parole, décrivit les noces et festins, exposa les tortures de la maladie, détailla les ordonnances de Thessalus, de Chrinas et de Charmis, en demandant au druide d'appeler sur l'armée et son empereur le secours de Belem, promettant de lui sacrifier autant de génisses blanches qu'il y avait de légions. Faisant signe à Milotus d'avancer avec sa brouette, il lui présenta, sous forme d'un sable brunâtre, les déjections biliaires de la 3ᵉ légion ; puis il plaça sous ses yeux le panier débordant des pierres qui depuis quelques jours s'étaient échappées de la vessie de l'infortuné Valens.

« O guerriers trois fois coupables, s'écria le druide à cette vue. Belem seul peut réparer encore les tristes conséquences de vos libidineuses débauches et de votre stupide confiance en de vils charlatans ! Conduisez vers moi votre maître : d'un coup d'œil rapide et assuré je diagnostiquerai le mal et Belem me dictera le remède. »

Vitellius vient consulter le druide.

Dès qu'il eut entendu le récit de ses lieutenants, Vitellius, appuyé sur leurs bras, se dirigea, geignant et claudicant, vers la forêt, suivi d'un grand nombre de ses officiers.

A la contraction de ses traits, aux sons inarticulés que la douleur arrachait de ses lèvres, à sa démarche sautillante et saccadée, telle que s'il eût marché sur des plaques de fer rougi, à la tuméfaction de ses chevilles et de ses poignets, le druide, sans balancer, reconnut la goutte.

Ordonnance du druide.

« O le plus fêtard et le plus endolori des généraux, s'écria-t-il, que n'as-tu plus tôt mis ta confiance en notre dieu plein de miséricorde et d'indulgence aux peccadilles de ce monde, facile à leur pardon, toujours prêt à guérir les maux dont ses concurrents sans entrailles affligent l'humanité ! Adore Belem, ô Vitellius, sacrifie-lui tes plus blanches génisses et surtout inonde les prêtres ses serviteurs de tes présents les plus magnifiques ; suis les conseils de sa divine science et vole à la conquête de l'empire !

« Fils de Faunus et de Vitellia, le remède à tes maux et à ceux de ton armée est non loin de ce pays, dans la forêt de chênes dix fois séculaires des Vosges où le gui sacré met sa perpétuelle parure. Là tu trouveras, au pied du plus vénérable des géants de ces bois, une source vive, aux eaux fraîches et d'un goût délicieux, que les habitants de ce pays ont, par reconnaissance pour ses bienfaits insignes, appelée « *Fons ingens* », la GRANDE SOURCE. Non loin d'elle, dans une clairière formée par la nature, sous le dôme majestueux des hêtres, jaillit une autre source, sa sœur cadette, plus modeste en son maintien et non moins digne de ta sollicitude, que les blancs dépôts de sel qu'elle forme autour d'elle ont fait appeler « *Fons sallita* », la FONTAINE SALÉE.

La Grande Source.

La Source Salée

Allons, soldats, du courage et de l'ensemble ! Face à la « GRANDE SOURCE »
Portez verre !... Présentez verre !... Buvez !!!...

« Que tous ceux que brûle la goutte ou que la gravelle torture établissent dans leurs viscères corrodés par les résidus de vos entripages répétés un courant rafraîchissant et sédatif qui détruira le poison subtil de l'acide urique !

« Pendant ce temps, envoie à la *Source Salée* le fidèle Milotus et tous ceux dont les sables accumulés engorgent les canaux distendus du foie ou de la rate, et tels disparaissent au loin emportés par le débordement du fleuve les débris qui encombrent ses rives, tels seront refoulés sur les derrières ces limons sablonneux, cause de leurs gémissements et de leur faiblesse.

« Accorde ta confiance à Belem, ô Vitellius ; après l'avoir adoré, exécute les ordres qu'en son nom je te donne et, par ta guérison et celle de tes légions, tu reconnaîtras enfin sa supériorité sur le débauché olympique, aux sourcils arrogants, que tu adores sans profit. »

Vitellius, plus pressé de guérir que de discuter, s'inclina convulsivement devant le druide sauveur et fit étaler en sa présence un tribut de la plus grande richesse destiné à Belem.

Le lendemain, dès l'aube, les légions se mirent en marche vers les forêts des Vosges, habitées alors par une peuplade gauloise appelée les *Leukes*, peuple adorateur des sources, qui se plaçait sous l'invocation d'un génie ou d'un dieu. A la déesse Leuka était confiée la garde de la *Grande Source* et de la *Source Salée*.

La marche de cette immense colonne d'infirmes et de béquillards entraînés par le seul espoir de la guérison fut longue et pénible. Les chariots des ambulances s'écrasaient sous le poids de ceux que leurs forces trahissaient et ce fut un spectacle tragique que celui de l'arrivée de Vitellius et de son armée à l'oppidum gaulois de Châtillon, au pied duquel coulait le ruisseau appelé Varus, aujourd'hui le Vair, en souvenir du trop célèbre consul.

Lourdement affalée sur son cheval de bataille, bête monstrueuse choisie entre les plus monstrueuses, la masse de chairs gluantes et boursouflées qu'était Vitellius s'avançait ballottante et fétide sous les ardeurs d'un ciel sans nuages. Appuyés sur de solides béquilles, les chefs des légions précédaient dolents et gémissants le troupeau éperdu des soldats. Quelques-uns avaient escaladé les chariots d'ambulances ; d'autres, ayant eu la bonne fortune de saisir la queue des chevaux des deputati, trouvaient là une aide précieuse ; mais le plus grand nombre se traînait geignant, s'arrêtant pour déposer sur les bords du chemin le fardeau insupportable de ses sables et de ses pierres.

Où êtes-vous, légions glorieuses qui avez porté si haut le renom de la ville éternelle ?

Où êtes-vous, festins monstrueux, régalades géantes qui avez étonné le monde ?

De tout cela que reste-t-il ?

Une impuissante cohue d'invalides misérables roulant au milieu des hurlements de la douleur au travers des montagnes et des forêts de la Gaule !

Du sommet de l'oppidum de Châtillon, Vitellius aperçut à ses pieds, dans le fond de la vallée, une roche gracieuse, à demi cachée dans la verdure d'où s'échappait une nappe d'eau scintillante au soleil : c'était la GRANDE SOURCE ! Autour d'elle dansaient en chantant des groupes de gracieuses jeunes filles venues pour invoquer la déesse Leuka et lui demander la guérison de leur père ou de leur mère. Certaines, non les moins jolies, jetaient des épingles dans la source afin de savoir, par la direction qu'elles prenaient au fond de la vasque, si elles se marieraient dans l'année. Tristes et résignées, quelques vierges déflorées par l'âge, cachées derrière les arbres, criaient à la chouette, protestation adressée aux dieux contre un célibat prolongé.

Surpris par ce spectacle folâtre, Vitellius fut saisi d'un doute cruel ; une sourde exclamation sortit de ses lèvres qui ne fut heureusement entendue que de Valens et de Milotus · « Ce druide ne serait-il qu'un vieux farceur ? »

Non ! le druide n'était pas un vieux farceur !

A l'approche de l'empereur, les danses cessèrent, les chants s'évanouirent et, comme des vapeurs légères que l'aurore dissipe, disparurent les groupes de jeunes filles et de vierges mûres.

Milotus, à l'âme simple et confiante, plongea sans hésiter ses lèvres dans la source et aussitôt releva vers Vitellius ses yeux ravis. Valens, ayant rempli sa coupe, la présenta à Vitellius rêveur, qui tristement la porta à ses lèvres :

« Moi ! boire de l'eau ! » s'écria-t-il.

Dernière et lamentable évocation de l'Albe et du Falerne désormais proscrits !

Mais à peine les premières gouttes du cristal glacé eurent-elles mouillé son palais brûlant que tous les signes de la satisfaction et de l'espérance se mirent à voltiger en foule sur son visage flétri.

« Que Belem soit béni ! s'écria-t-il, que le Druide soit loué ! Je sens une vie nouvelle circuler dans mes veines ; l'ardeur qui consumait mes articulations ankylosées fait place à une délicieuse souplesse et rapidement se détachent, inertes et impuissantes, les griffes acérées du mal qui me torturait.

« Généraux ! officiers ! légionnaires ! accourez auprès de la source divine et, vos coupes en main, rangez-vous autour d'elle dans l'attitude du recueillement ; formez en lignes serrées vos légions ; et, lorsque je viderai ma coupe, vous viderez les vôtres en cadence au commandement.

« Attention : Portez verres !... Présentez verres !... Buvez ! »

Et d'un bout du camp à l'autre on entendit, transmis par les officiers, se répercuter retentissants et solennels les commandements de l'empereur.

Après avoir bu pendant 21 jours à la « GRANDE SOURCE ».

Tous les quarts d'heure, la manœuvre était renouvelée et, dans l'intervalle, après une conversion sur place, retentissait un autre ordre, conséquence du premier.

Ainsi, par une discipline sévère, l'ordonnance du druide fut scrupuleusement observée et chaque jour voyait s'affermir à travers des crises salutaires le rétablissement de l'armée.

Des monceaux de sable et des accumulations énormes de gros graviers attestaient la puissance expulsive des eaux de la *Grande Source* et de la *Source Salée* pendant que les tophus gigantesques qui déformaient les membres des goutteux s'écrasaient inertes sur leurs articulations dégagées.

Grâce à l'abondance de ces produits des festins d'autrefois, les soldats industrieux avaient recouvert d'un sable rougeâtre les allées du camp et bordé ses pelouses de leurs pierres dressées les unes contre les autres.

L'appétit, un appétit formidable, mais régulier en ses exigences et honnête en ses satisfactions, avait succédé aux tiraillements maladifs de l'estomac ; un sommeil réparateur jetait chaque soir son voile paisible sur les légions, qui s'endormaient pleines de foi et d'espérance.

C'est ainsi qu'au milieu d'un parc enchanteur, dans le calme des estomacs apaisés, des vessies et des foies dégagés, des articulations agiles, on atteignit le 21ᵉ jour prédit pour la délivrance.

L'empereur reconnaissant ordonna que de grandes fêtes précéderaient la levée du camp et le départ de l'armée et, comme il sentait la nécessité de ne pas compromettre par de nouveaux excès la marche prochaine contre l'armée d'Othon qui s'avançait, il décida que la plus grande sobriété présiderait à ces réjouissances et qu'elles consisteraient surtout dans le déploiement de la vigueur nouvelle dont les soldats et leurs chefs venaient de faire provision.

A cet effet, il fit construire un immense cirque capable de contenir toutes les légions et les populations environnantes ; à l'entrée brillait en lettres d'or cette devise : *Aquâ robur :* l'eau donne la force.

Vitellius lui-même, soucieux de donner à son armée la preuve de sa force reconquise et d'assurer le prestige qui allait lui devenir si nécessaire pour la commander, s'avança seul et le premier au milieu du cirque. Ayant gracieusement salué l'assemblée, il fit approcher l'intrépide Valens et le fidèle Milotus et, les ayant délicatement pris par la ceinture, l'un de sa dextre, l'autre de sa sénestre, il les souleva à bras tendus à la hauteur de ses épaules aux applaudissements d'une foule idolâtre. Chacun des chefs vint à son tour donner la marque de la force de ses muscles et de l'agilité de ses membres, les uns en combattant un taureau sauvage, les autres en portant sur leurs épaules de hautes pyramides humaines, certains en étranglant des ours de taille monstrueuse par une simple pression savamment combinée du pouce et de l'index. Tous recueillirent les suffrages d'une soldatesque enthousiasmée, mais le record de l'adresse et de la force combinées fut tenu sans conteste par le chef de la 2ᵉ légion qui, mis en présence d'un féroce lion de Numidie, le surprit par une feinte rapide et le terrassa net au moyen du coup du père François. La fête se termina par une immense beuverie de l'eau de la *Grande Source* accompagnée d'actions de grâces à Belem, de toasts reconnaissants au druide de Trèves et de provocations guerrières à l'empereur Othon.

Le lendemain fut levé le camp de Châtillon ; les légions en ordre de marche, prêtes au petit jour, attendaient massées autour de la *Grande Source* lorsque Vitellius, sortant de sa tente, apparut entouré de ses lieutenants. Il s'avança au milieu des fanfares retentissantes et, étendant son glaive au-dessus de la source libératrice, il s'écria :

« La reconnaissance, ô soldats, est la première vertu des hommes ! Le dieu Belem en qui nous avons mis notre confiance, répudiant sans balancer notre dieu ordinaire, nous a rendu la santé et la force. Il a choisi pour instruments de ses impénétrables desseins ces eaux limpides dont nous éprouvons les salutaires effets. Nous ne quitterons pas ces lieux bénis sans donner à ces sources un témoignage de notre éternelle gratitude, susceptible d'attirer sur elles dans la suite des siècles l'attention et la confiance de l'humanité.

« Fontaines de la vallée du Vair, GRANDE SOURCE, SOURCE SALÉE, au nom de l'empire je vous baptise de mon nom glorieux *Foutes Vitellii* (fontaines de Vitellius). Grâce à vous, la forte noce pourra encore sans danger réjouir les mortels et le ventre présidera de nouveau aux ébats de ce monde. Je vois luire de beaux jours pour l'empire.

« Gloire à la GRANDE SOURCE ! Gloire à la SOURCE SALÉE ! »

Un immense cri qui alla ébranler jusqu'au plus profond de leurs racines les chênes séculaires de la plaine et les hêtres géants des montagnes, un seul cri poussé par les cinquante mille bouches des légionnaires s'éleva vers les cieux, tribut de glorification et de reconnaissance.

Vitellius passa aussitôt la revue de son armée et, ayant constaté qu'une grande quantité de munitions encombraient et alourdissaient les fourgons, il les fit aussitôt décharger, disant : « Je veux que toute la place soit réservée aux amphores pleines de l'eau de nos divines sources, afin que si pendant nos marches la fête nous expose aux retours agressifs de l'acide urique, nous soyons prêts à les repousser. »

On obéit avec promptitude : tous les objets qui n'étaient pas de première nécessité furent déchargés et remplacés par des amphores pleines du liquide précieux mis à l'abri de l'air et de la poussière par une légère couche d'huile de quasinum, inspiration sublime qui devait assurer la victoire ! Victoire alors bien douteuse, car les destins semblaient contraires à Vitellius ! En effet, au moment du départ, les statues équestres qu'on lui avait élevées autour du camp tombèrent toutes en même temps et furent brisées aux jambes ; la couronne de laurier qu'il avait placée sur sa tête dans tout l'appareil des plus grandes cérémonies tomba dans les eaux du Vair ; enfin, la veille même du départ, pendant qu'il rendait la justice du haut de son tribunal, un coq se posa en chantant sur son épaule, puis sur sa tête... Mauvais, mauvais présages !

Par Jupin, ô divine « GRANDE SOURCE », je te baptise de mon nom glorieux : *FONS VITELLII* « GRANDE SOURCE DE VITTEL ».

Et maintenant, soldats ! à la conquête de l'Empire !... Et point d'autres munitions que des amphores pleines de notre divine « GRANDE SOURCE ».

ais Vitellius, fier de ses membres assouplis, de son estomac frétillant, de son ventre allégé, se mit en marche plein de gaîté et de confiance, absorbant chaque matin dès l'aurore plusieurs amphores d'eau de la *Grande Source*. Mais peu à peu il ralentit sa marche, laissant prendre les devants à Valens et à Cæcina avec le gros des légions.

Quant à lui, ne conservant que sa garde avec les catapultes et les chariots portant les amphores, il traversait les villes sur son char de triomphe et suivait le cours des fleuves porté dans des barques somptueusement pavoisées, ornées de fleurs rares et chargées de l'appareil des plus splendides festins.

Après avoir vaincu dans les plaines de Narbonne une partie de l'armée d'Othon débarquée par la flotte et avoir fait un carnage affreux de ces légions abruties par le vin lourd de ces parages, Valens courut rejoindre en Italie son collègue Cæcina, que les othoniens avaient écrasé au camp des Castors.

Ainsi ralliés, les deux lieutenants de Vitellius lui envoyèrent émissaire sur émissaire. Mais il ne se hâtait point, recueillant partout sur son passage soumissions et acclamations.

Il était encore à une journée de marche lorsque, subitement attaquées par Suetonus, les légions de Germanie durent accepter la bataille à Bédriac. Le choc des othoniens fut terrible et leurs cohortes habilement dirigées enfonçaient le centre de l'ennemi, lorsque soudain on aperçut au loin un vaste nuage de poussière s'élevant en épais tourbillon vers le ciel : c'était Vitellius qui débouchait sur le champ de bataille avec sa garde, ses catapultes et ses chariots chargés d'amphores.

Le spectacle qui s'offrit à ses yeux était bien de nature à ébranler sa superbe. De tous côtés fuyaient en désordre les légionnaires éperdus, poursuivis par la massive cavalerie d'Othon. Les cohortes rompues, disloquées, broyées, ne reconnaissaient plus la voix des chefs. Cæcina gisait blessé sur le champ de bataille et Valens, impuissant même à organiser la retraite, invoquait en vain le secours des dieux.

Aussitôt et sans balancer, illuminé par un de ces traits de génie qui rehaussent pour des siècles l'éclat de l'humanité, Vitellius, après avoir d'un coup d'œil mesuré la hauteur du soleil au-dessus de l'horizon, s'écria : « Soldats, la bataille est perdue, mais nous avons avant la nuit le temps d'en livrer et d'en gagner une autre. » Et aussitôt, se tournant vers les chefs des catapultes, il ordonna de les charger avec les amphores pleines des sources vosgiennes qui garnissaient les chariots et de les lancer sur les sombres colonnes victorieuses des othoniens.

Et on vit, s'élevant avec un bruit formidable, voler vers le ciel, semblables à d'énormes tourbillons d'oiseaux nocturnes, l'essaim pressé des amphores qui, après s'être arrêtées quelques instants hésitantes au-dessus de l'ennemi, s'écrasaient sur sa tête en des torrents furieux qui emportaient tout sur leur passage.

Encouragés par les premières décharges, les chefs des catapultes entraînaient leurs hommes par la voix, par le geste, par l'exemple et, sous l'action de la manœuvre pressée, on aperçut au bout de quelques instants dans la plaine un flot immense courant vers la mer, roulant dans le moutonnement de ses ondes les corps inertes des othoniens submergés et broyés, tels des fétus de paille que l'inondation emporte, dans l'entrechoquement des chars et des armures.

Historicus, seul des généraux d'Othon, parvint à se sauver grâce à la vitesse et à l'adresse de son cheval qui, habile à la nage, se laissa dériver jusqu'à ce qu'il réussît à prendre terre loin du champ de bataille. Il courut d'un seul trait jusqu'à Bresselo, où Othon, sûr de la victoire et fatigué par une journée entière passée à cheval, s'était retiré, envoyant de tous côtés des estafettes pour annoncer son triomphe. Il vient lui annoncer la défaite. L'empereur et son entourage refusent d'y croire et invectivent Historicus : « Tu n'es qu'un lâche, lui dit-il, un lâche qui a fui le champ de bataille. » Le général, sans répondre, tourne son épée contre sa poitrine et vient rouler sanglant aux pieds d'Othon. Cette mort le frappe d'épouvante : « Non, s'écrie-t-il, je n'exposerai pas davantage la vie de pareils soldats. » Puis il éloigne ses officiers et, resté seul, il demande de l'eau glacée et deux poignards dont il essaye la pointe ; et, s'étant assuré du départ de ses amis, il se couche tranquillement.

Le lendemain, il fut trouvé mort.

La victoire de Bédriac, due au génie de Vitellius, ou plutôt à la confiance que l'intervention de Belem lui avait inspirée dans la toute-puissance de la *Grande Source*, lui avait assuré l'empire en brisant toutes résistances.

Dans la joie de la victoire, il trouva un de ces mots que l'histoire conserve en ayant soin de les accompagner de sa réprobation : trois jours après la bataille, lorsque les flots de l'eau lancée par les catapultes se furent retirés, il descendit dans la plaine pour contempler de près le désastre de son ennemi, et, comme il se plaisait à regarder ce charnier humain

d'où se dégageaient de nauséabonds effluves, on lui fit observer que ces émanations pouvaient être dangereuses : « Laissez, dit l'empereur, le corps d'un ennemi vaincu sent toujours bon, surtout lorsque c'est celui d'un compatriote. »

Othon, submergé, est mis en déroute à Bédriac par un déluge d'eau de la « GRANDE SOURCE »
lancé sur lui par les catapultes de Vitellius.

usqu'à Rome, la marche de l'armée fut un perpétuel triomphe : les sénateurs, les histrions, les chevaliers, la populace accouraient au-devant du vainqueur, suivi de soixante mille soldats ivres et licencieux. Le 16 juillet Vitellius y fit son entrée, non pas en habit de guerre, quoique le dise Suétone. Tacite assure en effet que des amis l'en détournèrent : c'eût été traiter la capitale du monde en ville conquise.

Le 18 il s'investit du souverain pontificat, sans se préoccuper de cette date, soit qu'il ignorât qu'elle était un jour funeste comme anniversaire du désastre d'Allia, soit qu'il lui plût d'offenser ouvertement cette superstition publique.

À cette occasion il organisa un banquet monstre, point de départ des orgies nouvelles qui devaient dépasser celles des camps de Cologne et de Trèves ; mais, désormais certain de repousser victorieusement les assauts de l'acide urique en absorbant chaque matin une amphore de l'eau de la *Grande Source*, Vitellius devait jusqu'à son dernier jour satisfaire sans contrainte les sollicitations de sa panse jamais assouvie.

L'histoire nous enseigne qu'à ce banquet furent servis à la table de l'empereur deux mille poissons des plus recherchés et sept mille oiseaux.

Il inaugura un plat de dimensions colossales et fastueusement appelé :

Le bouclier de Minerve protectrice, composé de foies de carrelets, de cervelles de faisans et de paons, de langues de phénicoptères et de laitances de lamproies. Des vaisseaux et des trirèmes avaient été chercher ces immenses approvisionnements depuis le pays des Parthes jusqu'aux mers d'Espagne.

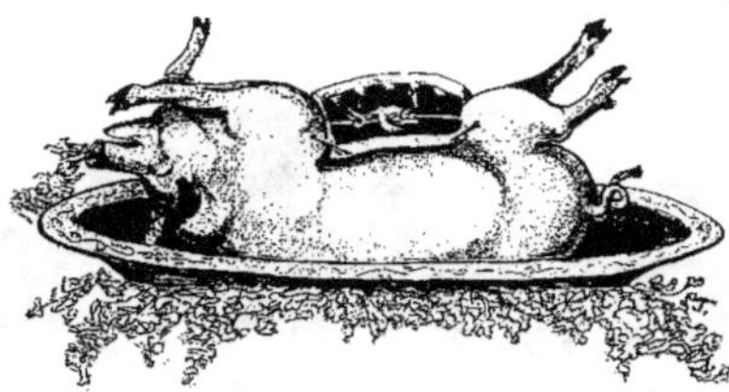

C'est aussi à cette bombance que fut servi aux tables des généraux et des sénateurs ce fameux *sanglier à la troyenne* [1] dans lequel était caché un chevreuil qui recélait dans ses flancs un lièvre, lequel dissimulait un perdreau, asile d'un rossignol ; celui-ci, après avoir été découvert par le *scissor*, était solennellement présenté au *magister bibendi* de chaque table [2].

La devise de Vitellius était : ***Aqua foràs, vinum intrà*** [3].

Mais ce jour, jusqu'à la fin des premiers services, il affecta de ne boire et de ne faire

[1] On l'appelait sanglier à la troyenne *(porcus trojanus)* en souvenir du cheval de Troyes.
[2] Pétrone.
[3] Pétrone : *Le Satyricon.*

présenter sur toutes les tables que de l'eau de la *Grande Source*, légitime tribut de reconnaissance payé à la déesse Leuka.

Gloire à la Grande Source !

Au milieu du festin, Vitellius se leva tenant à la main une amphore sur laquelle étaient écrits ces mots : « **Fons Vitellii** ». Il l'éleva au-dessus de sa tête et, s'adressant à ses soldats, il s'écria :

« Nous pouvons désormais sans danger nous livrer à la forte noce que j'ai fait préparer pour célébrer notre victoire.

« Cette victoire, nous la devons à la santé robuste que nous avons retrouvée dans les Vosges par l'absorption de l'eau divine qui a entraîné dans ses flots réparateurs l'acide urique qui infestait nos viscères empoisonnés : *intrà*.

« Nous la devons à l'aide puissante de sa torrentielle impétuosité qui, aux champs de Bédriac, a tout à coup emporté vers la mer, broyées et sans vie, les cohortes jusque-là victorieuses d'Othon : *foràs*.

« *Foràs et intrà !* à notre GRANDE SOURCE nous devons la santé, la vie, la victoire, l'empire !

« En son honneur, levons tous nos coupes pleines de son limpide cristal et, puisqu'elle fut à la peine, qu'elle soit à l'honneur ! »

Un immense cri d'allégresse répondit à cette vigoureuse harangue et pendant quelques instants le bruyant entrechoquement des coupes interrompit le festin.

La reconnaissance d'un peuple.

Ainsi fut consacrée à Rome, par la reconnaissance de tout un peuple, la haute vertu des sources de Vitellius et prit naissance cette éclatante renommée de la GRANDE SOURCE et de la SOURCE SALÉE qui, à travers une longue suite de siècles, est parvenue jusqu'à nous.

VITELLIUS CONDUISANT LE CHAR DE CALIGULA

COURONNEMENT de VITELLIUS, empereur, et « TRIOMPHE DE LA GRANDE SOURCE ».

Elle fut à la peine. Elle est à l'honneur !

VITTEL (Vosges)

ÉTABLISSEMENT D'EAUX MINÉRALES OUVERT DU 25 MAI AU 25 SEPTEMBRE

(Station de Vittel, ligne de Chalindrey à Nancy)

Les Sources, les Bains, les Galeries

Les Sources de Vittel sont très nombreuses : plus de vingt sont minérales ; une seule, très abondante, est d'eau naturelle et sert à alimenter les pièces d'eau du parc.

Parmi les vingt Sources minérales, quatre sont exploitées, dont trois jaillissent dans le parc de l'Etablissement, la *Grande Source*, la *Source Marie*, la *Source des Demoiselles* ; la quatrième, la *Source Salée*, jaillit à une certaine distance, mais a été conduite à l'Établissement.

L'ensemble de l'Etablissement des buvettes comprend : deux salles, l'une renfermant la *Grande Source*, l'autre la *Source Salée* ; une galerie fermée dans laquelle est une rotonde où se trouve la vasque de la *Source Marie* ; une galerie ouverte communiquant avec la galerie fermée et de vastes promenoirs couverts bordés de boutiques.

Cette construction est d'un beau style mauresque dont tous les détails ont été traités avec le plus grand soin. — Les façades sont ornées de faïences artistiques fabriquées sur les dessins mêmes de M. Charles Garnier, architecte de l'Opéra et du casino de Monte-Carlo.

Les Sources

Les Bains et Douches

Les Bains

L'Établissement des bains et douches, construit dans le même style que celui des buvettes, se compose de deux étages. Au rez-de-chaussée sont les salles de douches, les bains sulfureux et les cabinets de bains destinés aux malades qui sont soumis aux traitements simultanés du bain et de la douche.

Le 1er étage renferme exclusivement les cabinets de bains et les salles de massage.

La salle d'hydrothérapie est pourvue des appareils les plus perfectionnés et les plus complets.

Le massage pour hommes et pour dames se pratique dans deux grandes salles spéciales pourvues d'appareils à eau courante de la dernière perfection et renfermant également des bains de vapeur et sudation.

Le *Casino* de Vittel est sans
contredit un des plus artistiques
que possèdent les établissements
thermaux de France, et chacun
s'accorde à reconnaître que l'émi-
nent architecte, M. Charles Garnier,
qui a présidé à sa construction, a
été particulièrement bien inspiré.

Le Casino se compose d'un
hall central sur lequel se dégagent
des galeries à colonnes et à balus-
tres donnant accès : à droite, dans
les salles de conversation, le salon
de lecture et le salon des dames ; à
gauche, dans les trois salles de jeu
du cercle et la magnifique salle de
café ouverte en 1900.

Au fond de l'*atrium* est le
vestibule du théâtre s'ouvrant dans
une salle spacieuse d'un goût artistique très délicat.

Une troupe théâtrale, recrutée avec le plus grand soin, y donne
chaque soir une représentation toujours variée de comédie, vaudeville,
opéra-comique et opérette. Le samedi est réservé aux bals. Une soirée
par semaine est réservée aux troupes de passage qui viennent jouer les
pièces nouvelles avec les artistes parisiens qui ont obtenu les grands succès de l'année. Plusieurs fois par semaine des séances de prestidigitation,
de physique, etc., sont données dans les galeries ouvertes des Sources.

Le CASINO

PAVILLON DE RÉCEPTION
DES ÉTRANGERS

Le Grand Hôtel
de l'Établissement

Cet hôtel, muni d'un ascenseur, renfermant deux cents
chambres et salons particuliers, meublés avec le plus grand
confortable, est flanqué de trois pavillons (Pavillons de Flore,
de Cérès et de Pomone), où la clientèle aristocratique trouve
de luxueux appartements.

Vittel-Palace

Vittel-Palace, splendide hôtel de premier ordre, sera
ouvert le 15 Mai 1901.

Hôtels - Villas - Maisons meublées

De nombreux hôtels, villas, maisons meublées à tous
les prix, depuis 5 fr. par jour, entourent l'Établissement.

Écrire au Directeur de la Société des Eaux minérales.

ÉTABLISSEMENT DES EAUX MINÉRALES DE VITTEL (VOSGES)

C'est à l'*Hôtel de l'Établissement* que le général Zurlinden, ministre de la guerre, a offert, pendant les grandes manœuvres de 1895, un déjeuner de cent cinquante couverts au prince royal de Grèce, au général Dragomiroff et à la mission étrangère, à la tête de laquelle se trouvait Son Excellence le général baron de Freedericksz, qui faisait à la même époque une cure à Vittel, enfin aux officiers généraux de l'armée française.

Le 15 septembre 1895, le lendemain des manœuvres simulant la bataille de Remoncourt, qui avaient fait éclater aux yeux de tous l'endurance et la discipline de nos troupiers aussi bien que la savante tactique de leurs chefs, soixante-douze généraux français, commandants et arbitres, et les missions militaires étrangères se trouvaient réunis sur les terrasses de l'Établissement, répondant à l'invitation de M. le Ministre de la guerre.

Réception des missions militaires étrangères par le Ministre de la guerre, le 15 septembre 1895, au Grand Hôtel de l'Etablissement.
(Général Freedericksz. — Prince royal de Grèce. — Général Dragomiroff.)

La Chapelle de l'Établissement

La *Chapelle*, de style italien, construite il y a une quinzaine d'années, embellie chaque jour par les malades reconnaissants et par des agrandissements successifs, contient 500 places avec une tribune pour l'orgue et pour l'orchestre. Les offices y sont célébrés tous les jours pendant la saison. La messe, avec accompagnement d'orchestre, est dite le dimanche à 9 heures.

Chapelle Protestante

La *Chapelle protestante et anglicane* sera ouverte en 1900.

Magasins de Vente

Postes et Télégraphes, Bureau de tabac, Salon de Coiffure, Photographie

De nombreux magasins de vente situés dans une galerie spéciale permettent aux buveurs de s'approvisionner facilement de tous les objets d'utilité ou de luxe, et principalement des dentelles, des faïences et des bijoux qui constituent les principales spécialités artistiques de la Lorraine. Nous trouvons également dans cette galerie des magasins :

Le bureau des postes et télégraphes. - Une cabine téléphonique publique. - Le bureau de tabac. - Un salon de coiffure fort bien aménagé. - Un atelier de photographie artistique.

Des cabines particulières de photographie sont mises gratuitement à la disposition des amateurs photographes.

Le Tir aux Pigeons. ⚊ Les Tirs

L'administration des tirs comprend : le tir aux pigeons, le tir au sanglier, le tir à armes de guerre et les tirs à armes de chasse et de salon.

Orchestre du Parc. ⚊ Jeux divers

Les jeux tels que crocket, quilles, boules, billard anglais, etc., et les voitures à ânes qui sont la joie des enfants sont placés près du kiosque à musique, dans lequel l'excellent orchestre du Casino se fait entendre deux fois par jour.

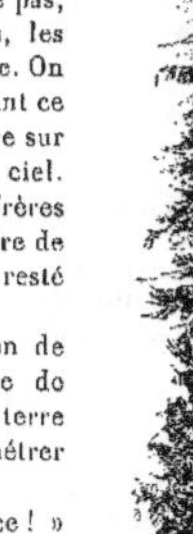

LES LACS

EXCURSIONS

*De nombreuses excursions à pied, en voiture et en
chemin de fer attirent les touristes.*

Gérardmer

Parmi les plus intéressantes, nous citons
Gérardmer, site admirable des montagnes des
Vosges, où chaque semaine des trains spéciaux
conduisent les étrangers, avec visite en voiture
à la frontière allemande, au sommet de la
Schlucht et dîner le soir au bord du lac de
Gérardmer.

Les Lorrains sont aussi fiers de Gérardmer
que les Marseillais de leur Marseille, et ils vous
disent avec conviction : « Se s'neto Giromoué
éco in po Nancy, quôs se sero dè Lorraine ? »
Vieux dicton patois qui veut dire : « Si ce
n'était Gérardmer et encore un peu Nancy, que
serait-ce de la Lorraine ? »

Domremy

« Quelle invincible émotion on ressent en
entrant dans ce village !

« Une vague tristesse vous envahit, mais
douce, émue, quand on passe sur la route où
Jeanne d'Arc a passé, qu'on voit les
champs qu'elle a vus, que l'on foule
le sol qu'elle a foulé.

« Les hommes, les habitudes, tout
est changé ; mais ce qui ne change pas,
c'est le soleil, ce sont les arbres, les
champs, tout ce qui l'a entourée, qui nous entoure. On
vit un instant de sa vie et l'émotion muette devant ce
spectacle étreint de plus en plus quand on arrive sur
le pont et que la modeste église se détache du ciel.
Dans cette église sont encastrées les tombes des frères
Tiercelin, fils de la marraine de Jeanne, originaire de
Vittel. L'autel où Jeanne d'Arc venait prier est resté
ce qu'il était à cette époque.

« A quelques pas de l'église, est la maison de
Jeanne. Une petite porte conduit à la chambre de
l'héroïne. C'est une pièce sombre et nue dont la terre
forme le plancher ; une lucarne seule laisse pénétrer
le jour.

« Et c'est de là qu'est sorti le salut de la France ! »
(Extrait du très intéressant ouvrage *Les Vosges*, par G. Fraipont.)

Après avoir visité l'église de Domremy et la maison de Jeanne d'Arc, vous monterez au Bois-Chenu,
où s'élève, sur l'emplacement même de l'arbre des
Fées, en face d'un panorama merveilleux, la Basilique
construite par la piété française, et due au plan et au
concours patriotique et désintéressé d'un de nos plus
illustres architectes, M. Sédille.

Service hebdomadaire de trains spéciaux d'excursions.

LA MAISON DE JEANNE D'ARC

Maladies traitées à Vittel

Les maladies dans lesquelles les eaux de Vittel sont le plus souvent employées sont :

I. La Goutte et le Rhumatisme goutteux
(Articulaire ou viscérale) *dans l'intercalle des accès aigus*

Elles s'adressent à toutes les formes et à toutes les périodes de la goutte, sans être, comme certaines eaux alcalines fortes, contre-indiquées formellement dans aucune. Elles sont néanmoins indiquées spécialement :

A. - Dans la goutte chronique, dans les formes torpides chez les goutteux qui entrent dans la phase des accidents viscéraux et surtout chez ceux qui ont des tendances à la congestion.

B. - Dans les formes florides chez les sujets qui n'ont d'un tempérament sanguin que l'apparence.

C. - Chez les goutteux anémiés et affaiblis.

D. - Chez ceux qui sont atteints de congestion du foie ou de gravelle urique.

C'est l'eau de la *Grande Source* qui est principalement utilisée ici, et en boisson à peu près exclusivement.

II. La Lithiase urinaire

A. - Elles peuvent être employées dans toutes les formes de gravelles, en quoi elles l'emportent encore sur les eaux alcalines fortes.

B. - Leur action thérapeutique totale et définitive est tout aussi puissante que celle des eaux alcalines fortes dans tous les cas où celles-ci sont applicables.

C. - Elles conviennent spécialement aux *gravelles irritables*, pour lesquelles elles sont des eaux éminemment *sédatives*.

D. - Elles s'adressent encore de préférence aux graveleux *anémiques*, affaiblis, dont les eaux alcalines ne feraient qu'augmenter l'affaiblissement. Le fer que contient en petite quantité la *Grande Source*, la source des graveleux et des goutteux, nous rend compte de leur appropriation spéciale aux malades de cette dernière catégorie.

III. Les Maladies diverses des Voies urinaires (En particulier la *cystite chronique* et la *lithiase phosphatique*)

Elles exercent sur la muqueuse des voies urinaires une action spéciale, à la fois modificatrice, réparatrice et sédative qui a permis de les utiliser dans diverses maladies inflammatoires subaiguës ou chroniques de ces voies, telles que la pyélite, la pyélonéphrite (calculeuse ou autre), les prostatites, particulièrement les prostatites tuberculeuses, mais surtout la cystite chronique et la lithiase ou gravelle phosphatique, conséquence habituelle de la transformation ammoniacale de l'urine produite par la cystite chronique.

Cette même action locale et aussi leur influence nettement favorable sur toutes les grandes fonctions de l'économie nous rendent compte de l'utilité de leur emploi après l'opération de la pierre.

L'eau de la *Grande Source* en boisson est employée dans ces cas.

IV. Le Diabète

A. - Dans le diabète considéré en général, toutes les fois que les eaux bicarbonatées sodiques fortes sont formellement contre-indiquées : azoturie peu marquée, azoturie des périodes avancées du diabète, diabète ancien avec hypoazoturie, amaigrissement et anémie déjà prononcés, etc., les eaux de Vittel sont nettement indiquées pour diminuer la glycosurie, améliorer l'état diabétique et reconstituer les forces épuisées des malades.

B. - Elles conviennent particulièrement aux diverses variétés du diabète goutteux.

V. La Lithiase biliaire

A. - Elles favorisent l'expulsion des sables, des graviers et des calculs et rendent cette expulsion moins pénible, moins douloureuse pour les malades.

Des faits cliniques, nombreux et irréfutables, ont prouvé qu'elles convenaient tout aussi bien aux formes ordinaires et simples de l'affection calculeuse du foie qu'aux formes les plus graves et les plus compliquées.

B. - Elles modifient l'état général diathésique et l'état local, cause première des accidents, et en préviennent jusqu'à un certain point le retour.

C'est l'eau de la *Source Salée* qui est généralement employée ici, en raison de ses propriétés éminemment *curatives*.

VI. Constipation

Enfin, les propriétés laxatives de la *Source Salée* sont utilisées dans tous les cas où le médecin est appelé à combattre la constipation, soit comme symptôme dû à un grand nombre de maladies différentes, soit comme phénomène pathologique isolé et indépendant.

Ah ! la goutte ! pincée ! enfoncée !! noyée !!!

Vittel chez soi

Une des qualités les plus remarquables des eaux de Vittel *Grande Source* et *Source Salée* est leur parfaite conservation en bouteilles. Il résulte de nombreuses expériences faites avec le plus grand soin aux sources mêmes et à diverses reprises qu'au bout de deux années et même plus ces eaux n'ont subi aucune modification et ont conservé toutes leurs propriétés.

Cette stabilité tout à fait remarquable et aujourd'hui incontestée a été observée au début de l'exploitation par toutes les sommités médicales.

Soucieuse de conserver à ces eaux ce précieux avantage, la Société des eaux de Vittel a constamment amélioré ses procédés d'embouteillage et aujourd'hui elle est arrivée à un degré de véritable perfection.

Aussi l'Académie de médecine a-t-elle en 1894 constaté, sur le rapport de MM. Moissan et Grimbert, sa supériorité au point de vue bactériologique.

Cette qualité naturelle des eaux, jointe aux soins particuliers de l'embouteillage, a donné à son exportation un essor extraordinaire.

Dépôt Spécial
A PARIS
16, Rue de Hanovre

Adresser les demandes
au Régisseur de l'Établissement,
à VITTEL (Vosges).

Les Eaux de Vittel transportées

MODE D'EMPLOI. — On peut faire usage de l'Eau de Vittel de deux manières :

1° En faisant chez soi une saison régulière, c'est-à-dire en buvant tous les jours, pendant 21 jours, le matin à jeun, de quart d'heure en quart d'heure, la valeur d'un litre d'eau, en commençant les premiers jours par une moins grande quantité ; ce mode ne peut convenir qu'aux personnes qui ont le temps de l'employer et que l'absorption d'un litre d'eau froide dans l'appartement ne fatigue pas.

2° En buvant tous les matins, à jeun, un à deux verres d'eau et en faisant un usage à peu près constant de l'eau aux repas, soit pure, soit coupée avec du vin.

L'eau de la *Grande Source* doit être bue d'une façon constante comme *eau de table* par les arthritiques, même en dehors de toute crise et de tout traitement, à cause de son action destructive de l'excès d'acide urique.

Tarifs	La caisse de	50 bouteilles	30 bouteilles
	Franco gare Vittel	32.20	19.90
	Franco gare destinataire	35. » »	22. » »

L'Exportation des Eaux de Vittel

" Grande Source " et *" Source Salée " pendant ces quinze dernières années*

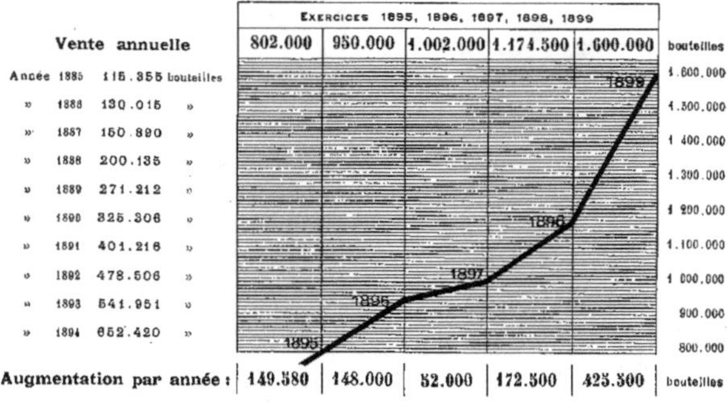

Vente annuelle			Exercices 1895, 1896, 1897, 1898, 1899					
			802.000	950.000	1.002.000	1.174.500	1.600.000	bouteilles
Année 1885	115.355 bouteilles							1.600.000
» 1886	130.015	»						1.500.000
» 1887	150.890	»						1.400.000
» 1888	200.135	»						1.300.000
» 1889	271.212	»						1.200.000
» 1890	325.306	»						1.100.000
» 1891	401.216	»						1.000.000
» 1892	478.506	»						900.000
» 1893	541.951	»						800.000
» 1894	652.420	»						
Augmentation par année :			149.580	148.000	52.000	172.500	425.500	bouteilles

Année 1899. — **1.600.000** *Bouteilles exportées*

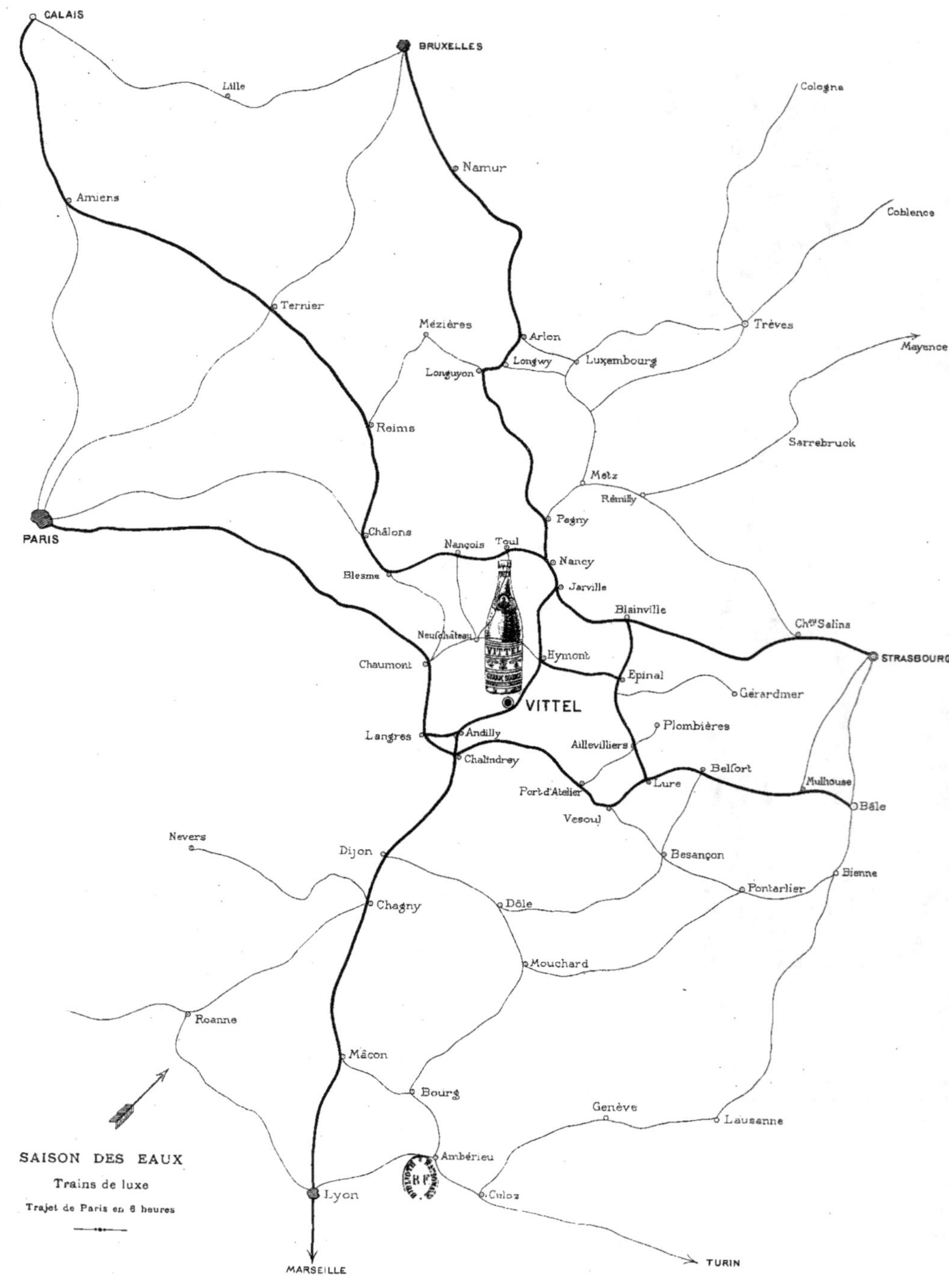

CALAIS
BRUXELLES
Lille
Cologne
Namur
Coblence
Amiens
Ternier
Mézières
Trèves
Arlon
Mayence
Longwy
Luxembourg
Longuyon
Sarrebruck
Reims
Metz
Rémilly
Châlons
Pagny
Nançois
Toul
PARIS
Nancy
Blesme
Jarville
Blainville
Ch⁰⁰ Salins
Neufchâteau
Hymont
STRASBOURG
Chaumont
Épinal
Gérardmer
VITTEL
Plombières
Langres
Andilly
Aillevilliers
Belfort
Chalindrey
Mulhouse
Port d'Atelier
Lure
Vesoul
Bâle
Nevers
Besançon
Bienne
Dijon
Pontarlier
Chagny
Dôle
Mouchard
Roanne
Mâcon
Bourg
Genève
Lausanne
SAISON DES EAUX
Trains de luxe
Amberieu
Trajet de Paris en 6 heures
Lyon
Culoz
MARSEILLE
TURIN